Ernst Woll

Es darf geschmunzelt werden
Gedichte

2015
Herstellung und Verlag: BoD - Books on Demand, Norderstedt, ISBN 9783738610857

Inhalt

Alarm: Druck im Darm	5
Angebranntes Essen	6
Besonderes Schlachtfest	7
Bleigießen	8
Darmwinde können peinlich sein	10
Das faule Ei und die Polizei	11
Das Wasserspülklosett	13
Der Friedenskuss	15
Der Hut	17
Der Kirschenklau	18
Der Klingelmann	19
Dicke Gesunde	21
Die Ursache wurde gefunden	23
Dummer Esel	25
Eifersüchtiger Hund	27
Ein alter Fahrradfahrer	29
Ein alter Mann und der Automat	32
Ein Brauch bringt es auch	34
Frauenwiderstand	36
Malheur mit Rizinusöl	38
Maus und Rostbratwurst	40
Mondfischer	42

Oma und Opa als Osterhase	44
Qualvolle „Darmwinde"	45
Überzeugendes Experiment	46
Verflixter Dialekt	47
Wahrer Schildbürgerstreich	49
Wann „Sie, wann Du?"	51
Wer nichts wird, wird Wirt	53
Zahnprothese	55

Alarm: Druck im Darm

London, großer U-Bahnhof:
Oh, wie ist das doof,
plötzlich quält menschliches Rühren,
„wo sind bloß Toilettentüren?"

Weit und breit ist nichts zu sehen:
Braucht hier niemand zum Örtchen gehen?
Gehört es zum englischen Charme,
niemand hat je Druck im Darm?

Überall wird gesucht,
Backen gekniffen und geflucht.
Keine passende Stätte wird erspäht,
es geht in die Hose, es war zu spät.

Die Säuberung ist katastrophal,
im engen Klosett eine große Qual.
Man glaubt, es schnuppern alle Leute,
verdorben ist nun die Urlaubsfreude.

Es würde sich deshalb lohnen,
dass besonders ältere Personen
sich immer, wenn sie auf Reisen gehen,
nach erreichbaren Toiletten umsehen.

Angebranntes Essen

Häufig hört man sagen:
„Liebe geht durch den Magen."
Eine junge, frisch verheiratete Frau
dachte, sie mache es besonders schlau:
Sie brachte bestes Essen auf den Tisch,
alle Mühe für stabile Liebe gab sie sich.

Alles nur Erdenkliche stellte sie dazu an,
aber kein Essen schmeckte dem Mann.
Eines Tages war die Speise verbrannt,
ängstlich auf seine Reaktion gespannt
glaubte sie, nun sei alles zerstört
und hat zu ihrer Überraschung gehört:

„Oh, jetzt ist alles wieder in Butter,
jetzt schmeckt es wie bei meiner Mutter!
Ich wollte Dir schon immer nahelegen:
Lass mich beim Kochen mit Hand anlegen,
dann können wir uns besser aneinander binden,
durch Geschmack zu ewiger Liebe finden."

Besonderes Schlachtfest

In den Kriegs- und Nachkriegszeiten
mussten viele Menschen Hunger leiden.
Die Schlachtfeste auf dem Lande
waren darum für Bekannte und Verwandte
beliebt und besondere Gaumenfreuden.
Erneuert wurden Freundschaften zu Bauersleuten.

Ein Bauer, immer für Neuerungen bekannt,
bisheriges Schlachten nicht richtig fand,
deshalb sah er es generell nicht ein
etwas wegzuwerfen von seinem Schwein,
dem er bisher allerbestes Fressen bot,
von Rosinen bis zu gehaltvollem Brot.

Von seinem Schwein der Darminhalt,
für ihn darum unbedingt als essbar galt.
Der Fleischer sträubte sich zwar sehr,
Därme zu säubern war nun nicht mehr,
sie wurden als Würste abgebunden,
haben so den Weg in den Kessel gefunden.

Als die Würste auf den Tisch dann kamen
selbst die Hungrigen Reißaus nahmen.
Der Bauer, nach seinen Motiven gefragt,
aber ganz naiv und scheinheilig sagt:
„Ich wusste, ich hatte nur Gutes gefüttert,
bin selbst über die Veränderung dessen erschüttert!

Bleigießen

Fünf Personen haben Sylvester Blei gegossen, die entstandenen Gebilde befinden sich in der Schüssel.
Welche Vorhersagen lassen sie zu?

Kennt ihr ihn auch
diesen uralten Brauch?
In der Sylvesternacht
wird Wahrsagerei gemacht,
indem man Blei gießt
und die Zukunft abliest.

Dazu schon immer galten
Anleitungen, die einzuhalten:
Für die Durchführung bleibt nur
die Zeit von Null bis Einuhr,
das ist, wie in aller Munde,
die so genannte Geisterstunde.

Wichtig ist ein geerbter Schlüssel.
Blei fließt in die Wasserschüssel.
Die Gussgebilde die entstehen
müssen dann Kundige ansehen,
von ihnen wird auch gedeutet,
was das Entstandene bedeutet.

Vermarktet wird die Tradition
jetzt auch schon bei Amazon.
So kann man ein „Bleigießset"
sogar bestellen über das Internet.
Könnte es damit auch passieren,
regionales Brauchtum zu verlieren?

Darmwinde können peinlich sein

Wenn plötzlich im Darm Winde entstehen,
kann man nicht immer zur Toilette gehen;
wenn sie mit „Duft und Krach" entweichen
lassen sie dich in Menschennähe erbleichen.

Mit einem besonders schlauen Trick
blickt man dann um sich mit Geschick
und sagt zum Nachbarn ungeniert:
„Das ist mir auch schon oft passiert!"

Winde im Bauch oft Schmerzen bereiten,
denn zurück gehalten lassen sie dich leiden,
drum sucht man dann die Einsamkeit,
um sich zu befreien von diesem Leid.

Doch wähnt man sich auch oft allein,
beginnt sich zu entlasten von der Pein;
dann häufig unbeachtet, still und leise
stören unliebsame Fremde deine Kreise.

Darum, erst wenn ich in Hör- und Riechnähe
auch wirklich keinen Menschen mehr sehe
lass ich meine Darmwinde passieren
die mich bis dahin oft sehr drangsalieren.

Das faule Ei und die Polizei

Nach drei Wochen Sommerurlaubszeit
jeder sich wieder auf zu hause freut.
Bei der Rückkehr in das eigene Heim
brauchten keine Befürchtungen zu sein,
man hatte ja bei der Abfahrt alles bedacht,
das Haus gesichert, Unrat entsorgt
und alles nochmals sauber gemacht.

Bei dieser Ankunft, als die Nachbarin
unsere Bekannten bestürzt empfing,
war man in großer Not, sie rief:
„Wir haben die Polizei informiert,
in ihren Räumen ist bestimmt
was passiert. Es stinkt ohne gleichen
grad wie verwesende Leichen."

Die Polizisten treffen bald ein,
gehen sichernd ins Haus hinein;
Entwarnung geben sie schnell.
Sie finden das stinkende Übel:
Den nicht entleerten Abfallkübel!
Ein verdorbenes Ei befand sich darin,
das faulte drei Wochen so vor sich hin.

Gebraucht wurde keine Polizei,
Schädlingsbekämpfung musste herbei.
Gefahrvoll wurden die vielen Fliegen,
die galt es und den Gestank zu besiegen.
Danach zog die Familie wieder ein.
Doch ein Streitpunkt blieb für immer:
Wer vergaß einst den Abfall im Zimmer?

Das Wasserspühlklosett

Noch vor mehr als achtzig Jahren
waren Leute vom Dorfe unerfahren,
wenn sie in die Stadt mal kamen
und Neues in Anspruch nahmen.

Das moderne Wasserspühlklosett
fand die alte Bäuerin sehr nett;
ihr Plumpsklo gleich neben der Miststatt
all diesen Komfort ja gar nicht hat.

Nur klein und tief ist dieses Klo,
das ist zu hause gar nicht so,
trotzdem muss es dringend sein,
sie muss in die enge Kabine rein.

Als sie mit ihrem Geschäft zu Ende
ergreifen eine Kette ihre Hände,
um sich nun wieder hoch zu ziehen,
das geschieht nur mit großem Bemühen.

Doch sie bleibt erschrocken sitzen,
kommt sogar tüchtig ins Schwitzen.
Ein Rauschen entsteht sofort hier
Was war das? Kommt das von ihr?

Den Versuch sie mehrmals wagt,
wobei sie fast gänzlich verzagt.
Sie kann nicht verlassen diesen Ort
eine Flüssigkeit geht immer wieder fort.

Ihr Mann, der ungeduldig wartet,
nun doch ins Damenklo jetzt startet;
ruft: „Was ist denn mit dir geschehen,
so lang kann doch Pinkeln gar nicht gehen?"

Er hört sie jammern: „Ach bitte gieh,
immer wenn ich an dieser Kette zieh
fließt es aus meinen Körper raus,
mit mir ist es bestimmt bald aus."

Er holt sofort Hilfe beim Personal,
das befreit sie von ihrer Qual.

Aber dieses Klo war der Bäuerin vertraut
(Aufnahme aus dem Freilichtmuseum Hohenfelden)

Der Friedenskuss

Mann und Frau, die sind nun bald
er 84 und sie 83 Jahre alt.
Sie waren in ihren 63 Ehejahren jederzeit
nach einem Streit zur Versöhnung bereit.

Jetzt aber scheint was ungewöhnlich,
sie zeigen sich zuweilen fast unversöhnlich,
wenn es um Verschwundenes oft geht
und dabei keiner mehr einen Spaß versteht.

Früher hatte man sich gern geneckt.
Fragte nett: „Wo hast du das versteckt?"
Heute er, stets mit finsterem Gesicht:
„Dies und jenes find ich wieder nicht.

Du hast eine richtige Aufräummanie,
was du wegräumst findet man nie".
Ganz unfreundlich ranzt er sie so an,
worauf sie heut´ nicht mehr ruhig sein kann.

Früher begann man gemeinsam zu suchen,
heute beginnt ein gemeinsames Fluchen.
Nach dem „Funderfolg" gab es früher einen Kuss,
wogegen heute sich jeder erst abreagieren muss.

Im Stillen zählt er dann oft bis zehn,
nur dadurch kann sein Ärger vergehen.
Gemeinsam beschließen sie aber immerfort:
Alles bleibt immer am althergebrachten Ort.

Der Friedenskuss bleibt aber weiter das Ziel
und dadurch auch die langjährige Ehe stabil.

Der Hut

In Notgeratene und wer nichts kann
werden hin und wieder Bettelmann.
Können sie auch das nicht gut
ist oft sehr wenig in ihrem Hut.

Nimmt man aber den Hut in die Hand
kommt man bequem durch das Land.
Einträglich schon immer galten:
Höflichkeit und die „Hand aufhalten".

Wir Alten uns gegenwärtig aber schämen,
wenn einige den Hut nicht mehr abnehmen,
weil sie Anstandsregeln nicht kennen
oder sie zuweilen antiquiert auch nennen.

Der Kirschenklau

In des Baumes Spitze
sitzt der kleine Fritze,
die Kirschen schmecken,
er ist nicht abzuschrecken
von des Besitzers Kommen,
weiter nascht er unbenommen.

Der Mann dünkt sich schlau
ankündigt dem Kirschenklau:
„Etwas Schönes sag ich dir,
wenn du herunterkommst zu mir!"
Die Antwort kommt beflissen:
„Ich muss aber nicht alles wissen!"

Der Klingelmann

Klingelmann - Titelbild
„Zellröder Geschicht´n"
Druck und Verlag:
A. Oberreuter, Zeulenroda,
Ausgabe 1930

Kennt ihr noch den Klingelmann?
Wenn nicht, dann vernehmt alsdann:
Was heute im Amtsblatt bekannt gemacht
hat er früher an den Mann gebracht.
Dieser Amtsbote, der war schon wer,
durch Straßen und Gassen marschierte er,
blieb stehen an bestimmten Stellen
und man hörte seine Klingel schellen.
Man sah Leute aus den Fenstern sehen
oder sie auch vor der Hautür stehen;
der Klingelmann gab gewichtig bekannt
was für die Ordnung im Orte relevant.

In fast jedem Ort gab es früher Brauereien,
deren Biere sollten was besonderes sein.
Wasser hat man vom Dorfteich entnommen,
Bier musste spezifischen Geschmack bekommen.
Um Wasser vor Verschmutzung zu schützen
sollte deshalb diese Bekanntmachung nützen:
„Hiermit wird hiermit bekannt gemacht,
dass niemand mehr ins Wasser macht,
denn morgen wird gebraut."
Das verkündete der Klingelmann sehr laut!
Und die Moral von dieser Geschichte:
Hygiene sah man damals im anderen Lichte!

Dicke Gesunde?

Noch immer entsteht der dicke Bauch durch Brätl,
Rostbratwürste und Bier.

Wenn viel Körperfett im Bauch
sieht man das von außen auch.
Ist aber diese ausgeprägte Rundheit
allein Indiz für instabile Gesundheit?
Nein, denn es werden Vorräte angelegt,
die der Körper in der Not zu nutzen pflegt.

Diese ganz einfache Erklärung -
ergänzt mit Fragen zur Ernährung
und Tipps zu gebührender Bewegung -
führt heute zu ganz neuer Überlegung:

Auch Dicke können allzeit länger leben,
wenn es durch ihre Veranlagung gegeben.

Wir sollten uns deshalb wieder erbauen
an beleibten Männern und molligen Frauen;
in Fitnessstudios nicht nur darauf orientieren:
Wie können wir unbedingt Pfunde verlieren?
sondern bestrebt sein Muskelkraft dort aufzubauen
und dabei nicht nur nach dürren Vorbildern schauen.

Die Ursache wurde gefunden

Die Katze macht einen Buckel wie ein Kamel.

Kürzlich hörte ich eine Mär,
die belustigte mich gar sehr:
Warum sich Hunde und Katzen bekriegen
würde an einem Schimpfwort liegen.
.
Vor vielen Jahren soll es geschehen sein,
der König Löwe berief ein Meeting ein.
Alle Tiere der Welt kamen pünktlich an,
nur die Katze, die vermisste man.

Die Verspätung war ihr nicht einerlei,
mit einem Buckel eilte sie schnell herbei.
„Da kommt das Kamel", rief der Hund
und das war ein Beleidigungsgrund.

Fortan, wenn sich Beide treffen
hört man die Hunde tüchtig kläffen,
Katzen fauchen, sie rennen meistens fort,
oben im Baum ist für sie der sicherste Ort.

Aber auch friedliches Zusammenleben
kann es bei gemeinsamer Kinderstube geben.
Katze und Hund können dann demonstrieren,
wie Vorurteile ihre Kraft verlieren.

Wissenschaftler fanden aber den Grund
für die Missgunst zwischen Katze und Hund,
um gleiche Nahrungsquellen ging es allezeit
und das begründete auch bei der Jagd den Neid.

Dummer Esel

Warum
sei der Esel dumm?
Ich weiß:
Er tanzt auf dem Eis!
Wiewohl?
Es geht ihm oft zu wohl.
Er macht's aber nicht alleine,
hat manchmal auch nur zwei Beine
und muss in allen Lebenslagen
deshalb oft Spöttisches ertragen.

Wozu
sagt man zu jedem Esel „Du"?
Das ist bekannt:
Jeder Dumme wird Esel genannt.
Eselsbrücke und Eselsohr
man aber dafür auserkor,
sie sollen als beliebte Stützen
unserem Gedächtnis nützen.
Und die Moral von dem Gedicht:
Nur dumme Esel gibt es nicht.

Eifersüchtiger Hund

Die große Ähnlichkeit
von Eifersucht und Neid
gab uns gar oft kund
ein Dackel, unser Hund.
Als er noch war allein,
kann es nicht anders sein,
da gab es kein Gezier:
Im Zentrum stand dies Tier.

Die neue Schildkröte
brachte den Hund in Nöte,
selbst Salat, den sie bekommen
hat er ihr oftmals weggenommen.
Möglich von Neid geplagt
hat er der Schildkröte gesagt:
„Der erste Platz auch hier,
gehört immer wieder mir.

Ich lass es auch nicht zu,
dass du mit trotzigem Getu´
oft deinen Kopf verbirgst
und trotzdem Gunst erwirkst.
Deshalb bin ich immer bereit
und es kommt gewiss die Zeit
in der ich hier auf dieser Erde
allein die erste Geige spielen werde."

Ein alter Fahrradfahrer

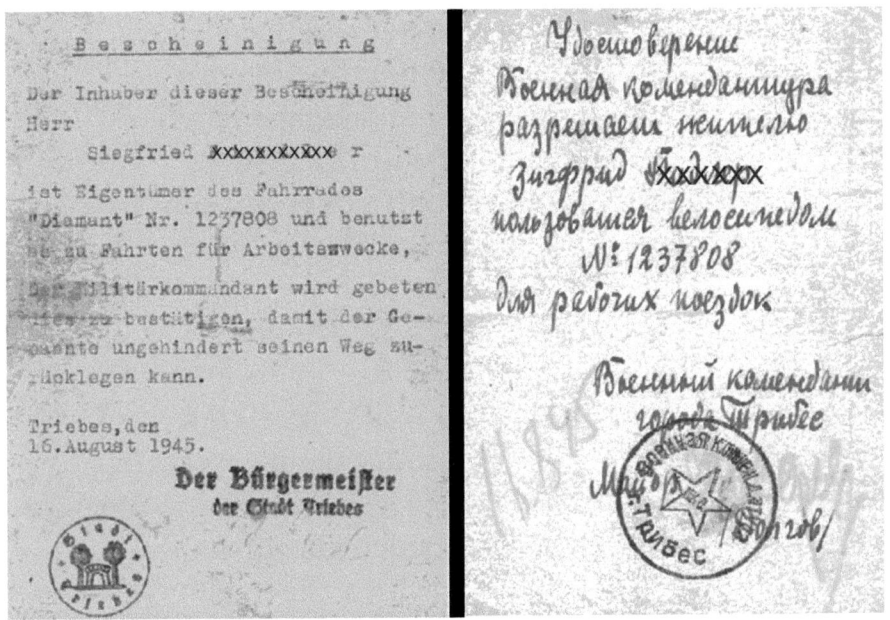

Diese Bescheinigung musste man in der Sowjetischen Besatzungszone 1945 immer mit sich führen, sonst konnte das Fahrrad bei Kontrollen weggenommen werden.

Vor mehr als 60 Jahren
war das Fahrradfahren
für große und kleine Leute
viel beschwerlicher als heute.

Eine funktionierende Klingel
gehörte für kleine Schlingel
zu den wichtigsten Dingen
sollte eine gute Fahrt gelingen.
Unbedingt brauchte man aber auch
einen dichten Fahrradschlauch;
dieser zeigte sich oft voller Tücken,
denn man musste ihn häufig flicken.

Einen Berg zu bezwingen
konnte oft nur schwer gelingen;
ohne Gänge nur mit Muskelkraft
hat man recht Gewaltiges dann geschafft.

Ich weiß es auch noch ganz genau,
viele Fahrräder waren Eigenbau.
Bis zusammengetragen alle Teile
dauerte es oft eine ganze Weile.

Viel Geschick war zu entwickeln,
um zu fahren mit diesen Vehikeln,
deren Lenker, Räder und Rahmen
sehr oft von der Müllkippe kamen.

Kummer hat uns damals gemacht
die sowjetische Besatzungsmacht,
denn oft plötzlich und ohne Zweck
nahmen Soldaten uns die Räder weg.
Sie fielen damit um sehr häufig,

Radfahren war ihnen nicht geläufig,
denn um zu lernen das Balancieren
darf die Geduld man nicht verlieren.

Als man dann verdiente mehr Geld
eroberte schnell das Auto die Welt,
es schmeckte darum nicht mehr jeden
immer nur kräftig in die Pedalen zu treten.

Dabei wurden aber Viele korpulent,
heute deshalb mancher täglich rennt;
andere das Fahrrad neu entdecken,
um zu bewältigen lange Strecken.

Um herunter mit den Pfunden
dreht man viele Fahrradrunden,
mit Rädern, die modern und teuer
und Geschwindigkeit, die oft ungeheuer.

Hätten wir einst Räder besessen
mit den derzeitigen Raffinessen,
dann hätte uns aber der Rücktritt gefehlt,
der für mich zu dem Wichtigsten zählt.

Das sollten aber auch Politiker wissen,
bei denen wir oft einen Rücktritt vermissen.
Sie sind im ganzen Land
auch als „Radfahrer" bekannt.

Ein alter Mann und der Automat

Was einst ein Automat
mir Schreckliches zu leide tat
gehört zu den heiklen Sachen,
die sind zum Weinen und zum Lachen.

Es war in der Bahnhofshalle,
die Menschen strebten alle
zum Zug, der bald abfahren sollte,
den auch ich gern erreichen wollte.

Ich dachte: „Mein Gott Walter."
Kein offener Fahrkartenschalter,
am Automat eine große Schlange,
mir wurde richtig angst und bange.

Ich begann alles zu hassen,
Automaten und Menschenmassen!
Das Gerät aber ließ sich nicht stören
und mir wollte auch niemand Vortritt gewähren.

Endlich war ich dran
und mein Martyrium begann.
Ich fand nicht meinen Zielort
und vertippte mich immerfort.

Hinter mir flüsterten die Leute:
„Verbieten müsste man es heute
und den Alten ganz deutlich sagen,
sich nicht an Automaten zu wagen."

Da war es aus mit meiner Geduld:
„Es ist doch nicht meine Schuld",
schrie ich die Wartenden hinter mir an:
„Wenn man Alten keinen Service bieten kann."

Es war schier zum Verzagen,
vom Zug sah ich noch den letzten Wagen.
Dem Automat war es geschickt gelungen,
er hat mich zur Nachsicht gezwungen.

Ich dachte an die Vergangenheit,
als sich unsere Geschwindigkeit
noch dem menschlichen Tun anpasste
und nicht Maschinentempo erfasste.

Trotzdem verzagte ich nicht.
Ich bekam ein lächelndes Gesicht,
war sogar zum Warten bereit.
Ich bin jetzt Rentner: Ich hab Zeit.

Ein Brauch bringt es auch

Über Rätselhaftes, das früher wichtig,
lacht man heute oft ganz tüchtig.
Das Tun von unergründlichen Mächten
zeigte Magisches in den Unternächten.

Dazu gab und gibt es viele Riten,
die manches erlauben, anderes verbieten,
auch den Blick in die Zukunft gewähren
und hierzu notwendiges Handeln erklären.

Ich könnte viele solcher Bräuche aufzählen,
will aber nur einen hier auswählen,
der zwei Menschen zusammenbrachte
und sie auf Dauer glücklich machte.

Der Großknecht Otto war stark verliebt
in die Jungmagd, die sich unnahbar stets gibt.
Er sieht sie in den Unternächten „Ofenhorchen",
und weiß sie wird einem Orakelspruch gehorchen.

Der große Ofen reicht von der Küche zur Stube,
in einen der Räume versteckt sich der Bube.
Er erkennt, sie geht in das andere Zimmer
und hat vom Lauschposten keinen Schimmer.

Es ist am Heiligabend um Mitternacht,
lauschend hat sie ihre Ohren aufgemacht
und fragt in den großen Ofen hinein:
„Sag mir, wer soll mein Bräutigam sein?"

Otto, der im anderen Raum schon wartet,
nun seinen gelernten Spruch gleich startet.
Das Mädchen erschrickt gar sehr,
denn mit verstellter Stimme verkündet er:

„Ach du mein lieber, großer Gott,
nimm den guten Großknecht Ott,
denn er ist ein rechter Knecht,
wenn du ihn nimmst, dann tust du recht."

Als sie sich vom Schrecken erholt
weiß sie, das hat sie auch gewollt.
Beide werden schon ab nächstem Jahr
fortan ein glückliches Ehepaar.

12 Nächte, um den Jahreswechsel und Weihnachten
sind üblicherweise als Unternächte zu betrachten.
Mit welchem Trick Otto zu seiner Frau gekommen,
hat er vor ihr verborgen mit ins Grab genommen.

Frauenwiderstand

Beim Stammtisch in Männerrunden
haben sich oft auch Spötter befunden.
Gern wird da über Ehefrauen erzählt,
wie die eine lieb ist und die andere quält.

Eine Behauptung wird aufgestellt,
die allen auch sofort gut gefällt:
Zum Frauenknie tat einer kund,
wichtig sei es ob dieses spitz oder rund.

Beim runden sei die Frau ein Engel,
von dieser höre man nie Gequengel.
Beim spitzen könnte man es aber wagen
durchaus Teufel zum Weib zu sagen.

Ungestüm, mit viel Alkohol im Blut,
eilt einer heim, hat jetzt viel Mut,
ruft, kaum angekommen im Haus:
„Weib, zieh fix Rock und Strümpfe aus!"

Betrachtet ihre Knie mit Erstaunen.
Erschrocken kann er nur noch raunen:
„Du bist kein Engel, kein Teufel, oh graus,
deine Knie sehen nur ganz dreckig aus!"

Dies geschah vor vielen Jahren
als Frauen noch Hausbüttel waren,
die Ehefrauen waren oft nur Hausboten,
auf Knien schrubbten sie den Dielenboden.

Diese Frau setzte nun auf Widerstand,
wobei sie auch treffende Worte fand:
„Was du am Bein siehst als Dreck
ist von der Arbeit ein blauer Fleck.

Wir Frauen haben uns verbündet,
das sei auch dir hier nun verkündet:
Mit totaler Unterwürfigkeit ist es aus,
auch wir Frauen werden Herr im Haus."

Malheur mit Rizinusöl

Alte Apotheke
um 1935

An der Theke
in der Apotheke
steht ein Mann und klagt,
dass sein Stuhlgang oft versagt.
Der Apotheker weiß Rat,
Rizinusöl hat er parat,
es ist das Mittel der Wahl
zu befreien von der Qual.
Eine Flasche der Arznei
bringt er schnell herbei,
ehe er es aber verhindern kann
wird sie ausgetrunken von dem Mann.
Der Fachmann ist entsetzt und sagt:
„Sie haben Schreckliches gewagt,
versuchen Sie schnell heimzukommen,
der Effekt wird dann bald kommen."

Die Zeit reicht jedoch nicht aus,
er schafft es nicht nach Haus
und das Malheur war riesengroß,
ungestüm ging alles in die Hos´!
Mancher meint: „Viel hilft viel."
Verfehlt damit jedoch sein Ziel:
Gefährlich sind dabei für Laien
schnell stark wirkende Arzneien.

Maus und Rostbratwurst

Eine Rostbratwurst und eine Maus
wohnten gemeinsam in einem Haus,
beim Kochen und bei Hausarbeiten
sah man sie sich niemals streiten.

Im Wechsel kochten sie das Essen.
Die Wurst war stets darauf besessen
allein am Herde zu hantieren,
um Wohlschmeckendes zu kreieren.

Die Maus, die gab sich alle Mühe,
doch von der Wurst war es die Brühe,
die schmeckte besser ohnegleichen,
das war von ihr nicht zu erreichen.

Darum hatte sie sich vorgenommen:
Sie musste hinter das Geheimnis kommen.
Heimlich sah sie was die Wurst hier tat,
in ihren Augen war das eine Heldentat.

Das konnte wahrlich fast nicht sein,
in das Kochende sprang die Wurst hinein!
Drehte, wirbelte, schüttelte sich
und hüpfte wieder auf den Tisch.

Seine Fähigkeiten beim Kochen der Speisen
wollte das Tier deshalb nun auch beweisen.
Beherzt und mit außerordentlichem Mut
sprang es ebenfalls in das kochende Gut.

Die Wurst, die vom Spaziergang kam
fand vor, was ihr fast den Atem nahm:
Auf der Suppe schwamm die tote Maus.
Für diese bedeutete die Courage das Aus.

Und diese Geschichte uns auch lehrt:
Was für die einen richtig, ist für andere oft verkehrt.

Mondfischer

Ein Dreivierteljahrhundert ist es her
da beschäftigte mich eine Geschichte sehr:
Ich hörte, dass man im Nachbardorf im See,
zur entsprechenden Zeit den Vollmond seh`
deshalb sei der Dorfrat daran interessiert
was mit dem Mond im Wasser passiert.

Am Stammtisch wurde Bier hinter die Kehle gegossen
und gemeinsam mit dem Bürgermeister beschlossen:
„Wir lassen uns von dem Trugbild nicht mehr verkohlen,
wir werden deshalb den Mond aus dem Wasser holen."
Bewaffnet mit Mut, Boot und sehr langen Stangen
hat man bei Vollmond mit der Jagd angefangen.

Die tapferen Männer schimpften und grollten,
immer wenn sie den Mond anspießen wollten
rutschte er weg, es verzerrte sich seine Gestalt.
Die Haken an den Stangen fanden keinen Halt.
Der Feuerwehrboss, ein mutiger Mann,
sah sich die Sache nicht mehr länger an,
wollte mit den Händen den Mond erfassen
aber Himmelskörper sich das nicht gefallen lassen.

Er fiel ins Gewässer, das Mondbild verschwand,
auf der Wasseroberfläche Gewoge entstand.
Die Wellen wurden stark, bewegten das Boot
in dem sich für die Männer kein Halt mehr bot,
sie bekamen Schlagseite, fielen in den See,
ihr Vorhaben scheiterte, alles war passee.
In die Kneipe kamen alle wieder heil zurück.
Beim Umtrunk hieß es: Wir hatten eben kein Glück.

Oma und Opa als Osterhase

Ist es Kitsch oder Kunst,
sind sie schön oder verhunzt,
Bilder die Osterhasen präsentieren
und jegliche Realität verlieren?

Egal wie sie dargestellt,
Figuren aus der Märchenwelt
müssen nicht jeden, aber vor allem
der Mehrzahl der Kinder gefallen.

Wir Alten haben tüchtig gelacht
als unser Enkel zwei Figuren angebracht:
zwei Osterhasen, Oma und Opa-Gestalten,
die wir aber für uns nicht ähnlich gehalten.

Das ist nunmehr zwanzig Jahre her,
ihre Schokolade schmeckt nicht mehr.
Wir hüten sie jedoch wie einen Schatz,
Ostern haben sie auf dem Tisch ihren Platz.

Im Bild sind sie auch zu
betrachten:
Figuren, die uns viel
Freude machten.

Qualvolle „Darmwinde"

Allein im Zugabteil eine junge Frau;
glaubt, sie macht es besonders schlau,
wenn sie aus dem Fenster blickt
und ihre Winde in das Abteil schickt.

„Eine Wohltat", sagt sie jedes Mal,
wenn entweicht ein Wind der Qual.
Da wirft sie einen Blick zurück
und entdeckt ein Missgeschick.

Ein junger Mann ist leise hinzu gekommen.
„Seit wann haben Sie hier Platz genommen?"
Fragt die Dame und schämt sich sehr.
„Seit der ersten Wohltat", antwortet er.

Es wird immer behauptet die Alten
könnten die Darmwinde nicht mehr so gut halten,
hier beweist sich, dass es auch die Jungen sind,
denen manchmal entfährt ein Wind.

Überzeugendes Experiment

Es ist nunmehr fast siebzig Jahre her,
da amüsierten wir Jungen uns sehr:
Wir hörten, in den Darmwinden
würden sich brennbare Gase befinden.
Weil einige auf Beweisen beharrten
mussten wir Versuche starten.
Bei Erich wollten wir ausprobieren,
wie seine Winde tatsächlich reagieren.
Damit in seinem Darm das Blähen anfängt
haben wir ihn auch tüchtig gedrängt,
dass er es bestimmt nicht vergisst
und am Versuchstag viele Zwiebeln isst.

Im separaten Raum der Kneipe
kam dann Erichs Hose vom Leibe,
drum herum standen etwa zehn Bengel,
um den besten Platz gab es Gedrängel.
Als wir Erich dann gar angehalten,
er sollte seine Winde lange halten,
da begann er sehr zu protestieren,
sein Bauch, der würde explodieren!
Erichs Hintern entwichen Laute
wodurch sich vorab Gestank aufbaute;
nun die brennende Kerze ans Loch gehalten
und freudige Hurrah Rufe erschallten.
Die Stichflamme, die sich entfachte
den Zweiflern die Beweise brachte.

Verflixter Dialekt

Ein Ostthüringer vor Gericht:
Er versteht den Richter nicht:
Der sagt ihm unverhohlen,
er habe Hosen gestohlen.
Das gibt er ja auch zu
aber was soll das ganze Getu´?
Die Frage kann er nicht verstehen,
er soll sagen wie Hosen aussehen?
Er ist aber ein gutmütiger Mann
und erklärt freimütig alsdann:
„Zwei hatten ein ganz weißes Fell
und drei waren am Rücken hell."

„So sehen doch keine Hosen aus,
fehlt Ihnen Respekt vor diesem Haus?"
Schimpft der Richter ganz empört:
„Solchen Unsinn habe ich noch nie gehört!"
Eingeschüchtert antwortet der Delinquent,
dass er aber viele solche Hosen kennt.

Nach einem langem Hin und Her
wundert sich durchaus keiner mehr:
Im Dialekt Hasen Hosen heißen
und der Angeklagte konnte beweisen:
Die gestohlenen Hosen waren Hasen,
die man nicht anzieht, denn sie grasen.

Zum Schluss hat sich herausgestellt,
dass – wie so vieles auf der Welt –
die Anzeige ein Missverständnis war,
denn alles wurde nunmehr klar:
Im Dialekt heißen Hasen - „Hosen"
„Husen" nennt man die richtigen Hosen.

Wahrer Schildbürgerstreich

Jetzt Leute erfahrt ihr gleich
einen neuen Schildbürgerstreich,
der uns die Folgen offenbart
wenn man an falscher Stelle spart.

In einer kleinen Gemeinde
der Bürgermeister ehrgeizig meinte:
„Für unsere freiwillige Feuerwehr
muss ein neues Gerätehaus her.

Wohnung für den Feuerwehrboss
richten wir ein im Obergeschoss,
damit garantieren wir für alle Zeit
dessen ständige Erreichbarkeit."

Zur pompösen Einweihungsfeier
lüftete sich ein großer Schleier,
der Gemeindrat musste offenbaren
dass Baufehler entstanden waren.

Das schnell gebaute Haus
sah von außen ganz proper aus
niemand konnte aber drinnen sehen:
Wo konnte man in die 1. Etage gehen?

Auszuufern begannen die Kosten
man strich einige wichtige Posten;
der Bau der Treppe nach oben
wurde deshalb auf später verschoben.

Es nutzte also nichts weiter
die unbequeme Feuerwehrleiter
diente fortan wochenlang
als Ersatz für den Treppenaufgang.

Dörfliches Feuerwehrgerätehaus mit Wohnung in der ersten Etage zu der die Treppe fehlte.

Wann „Sie", wann „Du"?

Was das nur für schwere Regeln sind
meinte ich vor 75 Jahren als Kind:
Ich glaube ich begreife nie:
Wann sagt man „Du", wann sagt man „Sie"?

Da hab ich es doch gewagt,
zum Lehrer einfach „du" gesagt,
von ihm hörte ich sofort:
„Sie" sei das richtige Wort."

Dabei hatte er uns gelehrt,
es sei niemals verkehrt,
alles was wir gut kennen
auch einfach „du" zu nennen.

Mein Opa aber oftmals betonte,
dass es sich auch durchaus lohnte,
Unbekanntes „sie" zu nennen,
um den Abstand zu erkennen.

Überhaupt sagte er mir auch:
„Männer mit einem dicken Bauch
haben die nötige gemütliche Ruh´,
zu diesen sagst du einfach „Du".

Bei Chefs, Direktoren und Doktoren
sowie allen weiteren Honoratioren
erfuhr ich, es gehört sich nicht,
wenn man die mit „Du" anspricht.

Bei weiteren Regeln, die ich vernahm
es dann auch zu Schwierigkeiten kam.
Ein Spinner wurde ich sogar genannt
als ich für Freundinnen „Sie" schicklich fand.

Die Jugend hat es jetzt ganz unbeschwerlich,
sie sagen zueinander „du" ungeziert, ehrlich.
Bei Bewerbungsgesprächen vergiss aber nie:
Hier gehört sich nur das förmliche „Sie".

Wer nichts wird, wird Wirt

In dieser Gaststätte wirkte ein Bahnhofswirt.

Wer nichts wird, wird Wirt,
wer gar nichts wird, wird Bahnhofswirt
und ist ihm dieses nicht gelungen
so reist er mit Versicherungen.
Das haben wir früher spöttisch gesagt,
drei modische Berufe fälschlich angeklagt,
sie waren zwischenzeitlich sehr beliebt,
die es heute im Ursprung kaum noch gibt.

Der Wirt in der Kneipe an der Ecke
blieb durch noble Gaststätten auf der Strecke.
Selbstbedienung macht sich jetzt breit überall
selbst in Wirtshäusern ist das oft der Fall.

Noch aber gefällt auf Oktoberfest und Festen,
durch Kellnerinnen bedient zu werden am Besten.
Mit dem typischen Versicherungsvertreter ist es aus,
Angebote kommen durch das Internet ins Haus.

Kleine Bahnhöfe wurden alle zugemacht,
das hat für viele Bahnhofswirte das Aus gebracht.
Imbissstände findet man gegenwärtig überall,
sehr selten ist der früher bekannte Wartesaal.
Wahrscheinlich macht auch hier die Bahn mobil
und jeder soll schneller erreichen sein Ziel.
Und was sagt diese Entwicklung mir:
Im Stehen trink ich meistens jetzt mein Bier.

Zahnprothese

Wichtig ist genaues Schauen,
ebenso das einwandfreie Kauen
und immer sind wichtig gewesen,
passende Brillen und Zahnprothesen

Omas Prothese fiel nach unten,
trotz Brille hat sie sie nicht gefunden.
Der Hund, für sein Gespür bekannt,
das bedeutsame Teil jedoch schnell fand.

Man wusste von seiner Gier.
Er tat aber nun was Schlimmes hier:
Es hat Ihn absolut nicht gejuckt,
er hat das Ersatzteil ganz verschluckt.

In des Tieres Ausscheidungen
ist es dann nach Tagen gelungen
zu finden das Teil, das Wichtige,
es kam an die Stelle, die Richtige.

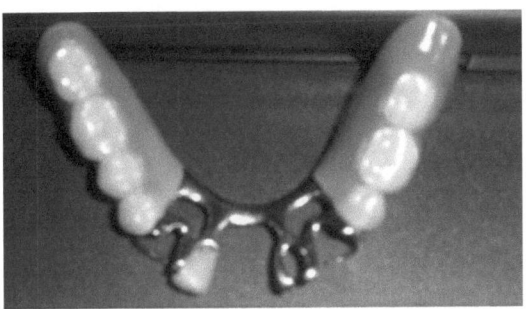